SPANISH
LIFEPAC F
CONTEN

I. CONVERSATION: LA FIESTA ............................................................1

II. VOCABULARY: OCCUPATIONS, NUMBERS 30–100 ..................................................................10

III. ADJECTIVES: AGREEMENT AND PLACEMENT ....................................................................15

IV. VERB CONJUGATION: *ESTAR* ..............................................24

V. "STATE OF BEING" VERBS ..................................................31

VI. NEGATIVE WORDS ..............................................................36

VII. SPEAKING, WRITING, AND READING PRACTICE ...................................................................41

VIII. THE GEOGRAPHY OF CENTRAL AMERICA ................44

IX. REVIEW ..................................................................................46

VOCABULARY LIST ..............................................................51

**Author:** Vicki Seeley Milunich, B.A., M.S. Ed.
Editor: Alan Christopherson, M.S.
Graphic Design: Brian Ring, Jennifer Davis, Alpha Omega Staff

Published by Alpha Omega Publications, Inc.
300 North McKemy Avenue, Chandler, Arizona 85226-2618
Copyright © MCMXCIX by Glynlyon Inc., All rights reserved

# SPANISH 1: LIFEPAC 4
# ALREDEDOR DEL PUEBLO

## OBJECTIVES

When you have completed this LIFEPAC, you should be able to:

1. Introduce the vocabulary for:
   a. the town
   b. occupations
   c. descriptive adjectives
   d. emotions
   e. health
   f. simple prepositions
2. Give the forms of the irregular verbs **ir** and **estar**.
3. Explain the concept of noun-adjective agreement.
4. Introduce the concept of the negative words – **no**, **nada**, **nunca**, **nadie**.
5. Explain the formation and use of the contractions **al** and **del**.
6. Explain the differences between the verbs **ser** and **estar**.
7. Give the numbers 32–100.
8. Reinforce knowledge of the geography of Central America.
9. Review material introduced in previous LIFEPACs.
10. Increase abililty to read, write, listen and speak.

## I. CONVERSATION: LA FIESTA

Luis: ¡Hola, Miguel! ¿Qué tal?

Miguel: ¡Hola, Luis! Nada.

Luis: Voy a la fiesta de Ana. ¿Vas también?

Miguel: Sí, voy. ¿Qué vas a llevar allí?

Luis: Voy a llevar las enchiladas que mi mama prepara.

Miguel: ¡Qué bueno! Tu madre prepara las enchiladas deliciosas. Voy a llevar un pastel del supermercado.

Luis: Chocolate, espero.

Miguel: ¡Por supuesto! ¿A qué hora vas a la fiesta?

Luis: Voy a las siete. ¿Deseas ir conmigo?

Miguel: ¡Buena idea! Vamos juntos.

**Translation:**

| | | |
|---|---|---|
| Luis: | Hi, Michael! What's up? | |
| Michael: | Hi, Luis! Nothing. | |
| Luis: | I am going to Ana's party. Are you going also? | |
| Michael: | Yes, I am going. What are you going to take there? | |
| Luis: | I am taking the enchiladas that my mom prepares. | |
| Michael: | Great! Your mother prepares delicious enchiladas. I am taking a pastry roll* from the supermarket. | |
| Luis: | Chocolate, I hope. | |
| Michael: | Of course. What time are you going to the party? | |
| Luis: | I am going at seven. Do you wish to go with me? | |
| Michael: | Good idea! Let's go together. | |

*or cake

Look at the conversation and its translation. Pick out the Spanish words for the following.

1.1
a. I am going          _____
b. You are going       _____
c. We are going/let's go  _____
d. there               _____
e. with me             _____
f. nothing             _____
g. pastry roll         _____
h. together            _____
i. great               _____
i. delicious           _____

**Listen.**

1.2 Listen to the conversation. Then practice the conversation with your learning partner to say to your class.

✔ Adult check _____
                     Initial                       Date

### The verb ir – to go

The verb **ir** is conjugated irregularly, just as **ser** was, and must be memorized directly. The forms are:

| | | | | | |
|---|---|---|---|---|---|
| yo | **voy** | | nosotros | **vamos** | |
| tú | **vas** | | vosotros | **vais** | (Spain only) |
| él | **va** | | ellos | **van** | |
| ella | **va** | | ellas | **van** | |
| Ud. | **va** | | Uds. | **van** | |

**Translation**:

**Luis va a la tienda.**   Luis goes to the store.
　　　　　　　　　　　Luis is going to the store.
　　　　　　　　　　　Luis does go to the store.

**Ir** may also be used to express the idea of going to do something. In this manner use a form of **ir** conjugated + a + an infinitive (**-ar**, **-er**, **-ir** form of the verb). For example:

**Voy a visitar a mis abuelos.**　　　　　I am going to visit my grandparents.
**Vamos a mirar a las pinturas al museo.**　We are going to look at the paintings in the museum.
**Vas a escribir la tarea.**　　　　　　　You are going to write the homework.

**Fill in the blank with the correct form of the verb ir. Then write the translation underneath the sentence.**

1.3

a. Laura _____ a la escuela.

b. Yo _____ a la clase de inglés.

c. Pilar y yo _____ a la casa de Mariana.

d. Tú _____ ahora.

e. Uds. _____ con Terencio.

f. Manuel _____ a las tres y media.

g. Los estudiantes _____ a las ocho.

h. Ud. _____ a abrir la ventana.

i. Las amigas _____ a asistir a la fiesta.

j. Nts. _____ por la tarde.

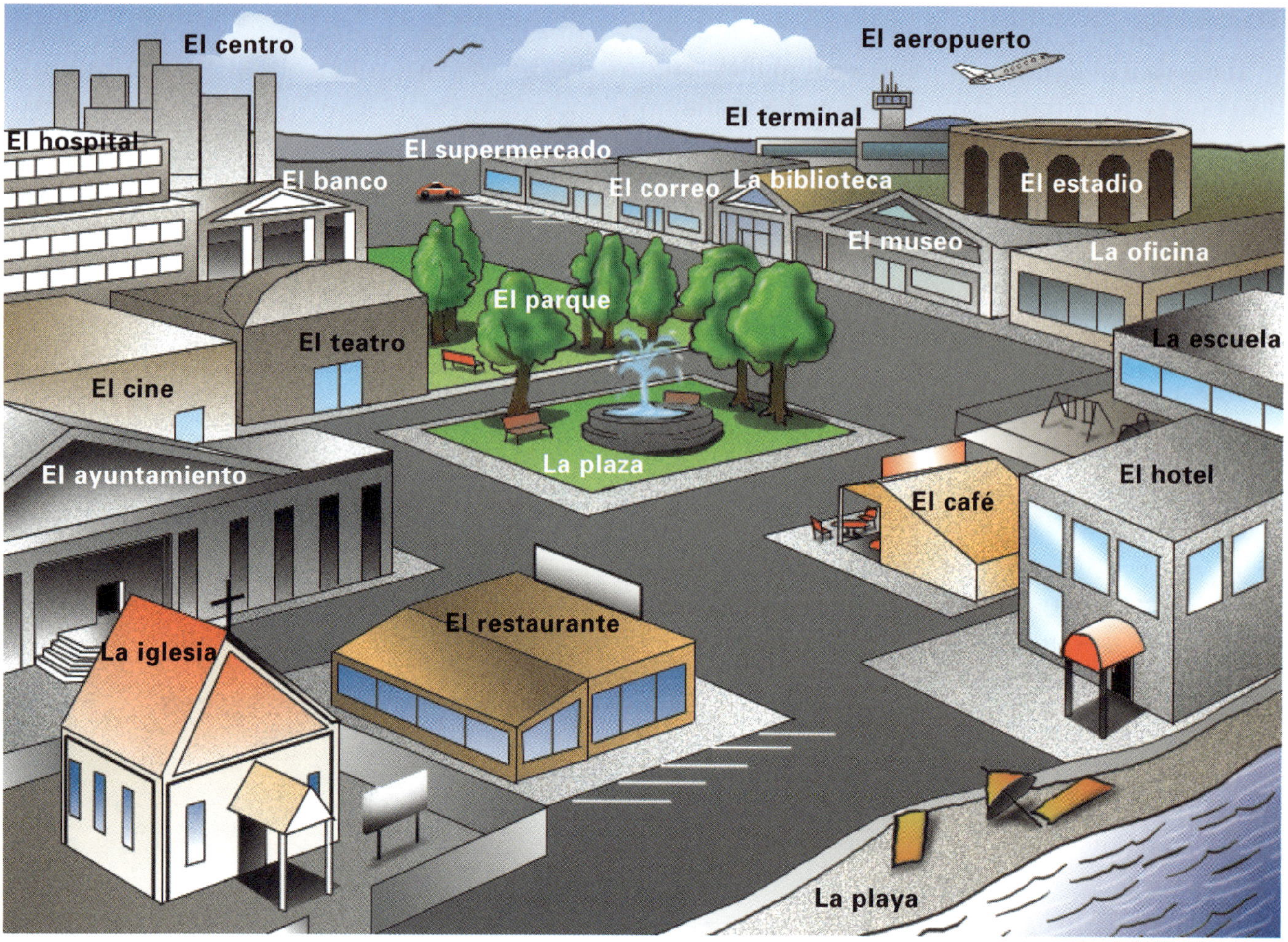

[Illustration of a town with labeled locations: El centro, El aeropuerto, El hospital, El supermercado, El terminal, El banco, El correo, La biblioteca, El estadio, El museo, La oficina, El parque, El teatro, La escuela, El cine, La plaza, El café, El hotel, El ayuntamiento, El restaurante, La iglesia, La playa]

**Look at the picture above and decide where you would do the following activities.**

1.4

a. mirar una película  _____

b. caminar  _____

c. nadar  _____

d. trabajar, responder al teléfono  _____

e. ahorrar (save) dinero  _____

f. mandar (send) cartas  _____

g. comprar comida  _____

h. estudiar español  _____

i. asistir a la Misa de Gallo  _____

j. comer tacos y enchiladas  _____

k. beber café  _____

l. mirar el arte famoso  _____

m. mirar el fútbol  _____

n. tomar un aeroplano  _____

o. descansar por la noche  _____

# Contractions

In Spanish there are only two contractions. They are **al** (to the, at the) and **del** (of the, from the, about the). These contractions are formed in the following manner:

> a + el = al
> de + el = del

Consequently, since these are used only with the masculine singular definite article, then they only come before masculine singular nouns. The definite article is not used before proper nouns such as names, unless the person's name has a title such as **el señor**.

Examples with **a**:

| | |
|---|---|
| **Voy al supermercado.** | I am going to the supermarket. |
| **Vamos al correo.** | We are going to the post office. |
| **Vas a la biblioteca.** | You are going to the library. |
| **Van a los museos.** | They are going to the museums. |
| **Va a las tiendas.** | She is going to the stores. |
| **Hablo a Luis.** | I am talking to Luis. |

Note that the contraction is only made with **a + el**—all others remain the same:

> **a la,**   **a los,**   **a las**

Examples with **de**:

| | |
|---|---|
| **Partimos del ayuntamiento.** | We are leaving from city hall. |
| **Aprendes de la historia.** | You are learning about history. |
| **Parten de los hoteles.** | They are leaving from the hotels. |
| **Es la clase de las chicas.** | It's the girls' class (the class of the girls) |
| **Es la familia de Ana.** | It's Ann's family (the family of Ann.) |

Note that the contraction is only made with **de + el**—all others remain the same:

> **de la,**   **de los,**   **de las**

**De** + a definite article is also used to show possession or ownership. For example:

| | |
|---|---|
| **El libro de Juan.** | John's book. |
| **Las clases de la Sra. Lopez.** | Mrs. Lopez's classes (the classes of Mrs. Lopez) |
| **La idea de los niños.** | The children's idea (the idea of the children) |
| **El dormitorio de las chicas.** | The girls' bedroom (the bedroom of the girls') |

In Spanish there is no such thing as 's (apostrophe s) to show possession. It is shown by reversing the nouns and placing **de** + the definite article if it is necessary.

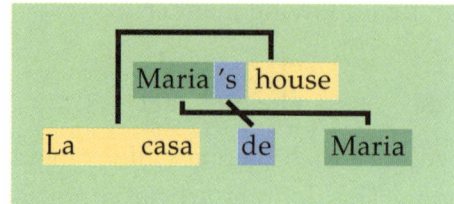

**Fill in the blank with the correct form of** a, al, a la, a los, a las.

1.5
a. Asisto _____ Tomás.
b. Vamos _____ playas.
c. Van _____ restaurante para comer.
d. Trabajo _____ oficina.
e. Preguntas _____ Sr. Gomez.
f. Escribimos _____ presidente.
g. Caminan _____ biblioteca.
h. Explico _____ Teresa.
i. Pagas _____ banco.
j. Llevan la bolsa _____ tiendas.

**Fill in the blank with the correct form of** de, del, de la, de los, de las.

1.6
a. Partimos _____ aeropuerto.
b. Rompes el lápiz _____ Arturo.
c. Corren _____ parque.
d. Toma el papel _____ estudiantes.
e. Regreso _____ terminal.
f. Ayudo a la madre _____ Conchita.
g. Dividimos el pastel _____ tíos.
h. Describo el accidente _____ mujer.
i. Entran _____ tiendas.
j. Es la casa _____ profesora.

**Translate the following to Spanish.**

1.7
a. Paul's backpack _____
b. The students' teacher _____
c. The town's library _____
d. Susan's brother _____
e. The friends' records _____

6

# Conversation Practice. Te toca a ti.

Practice this conversation with a learning partner. You and a friend are discussing where you are going and what you are going to do.

1.8

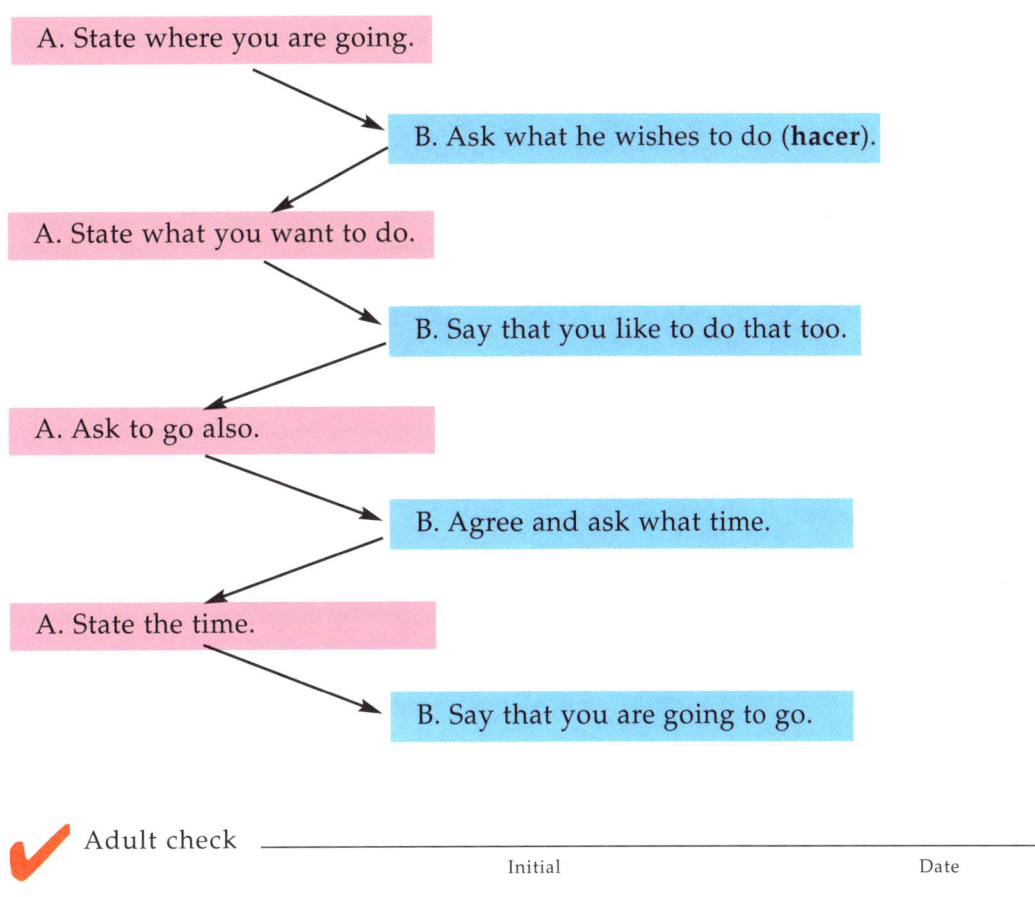

✔ Adult check _____
    Initial            Date

# SELF TEST 1

1.01  **Look at the picture of the town and identify the lettered items.** (3 pts. each)

a. _____

b. _____

c. _____

d. _____

e. _____

f. _____

g. _____

h. _____

i. _____

j. _____

k. _____

l. _____

m. _____

n. _____

o. _____

1.02  **Give the correct form of the verb ir.** (3 pts. each)

a. Yo _____ a la clase de español.

b. Nts. _____ al café.

c. Tú _____ a estudiar.

d. Esperanza _____ a la iglesia.

e. Los hermanos _____ a casa.

f. Luis y yo _____ a visitar a Terencio.

1.03 **Fill in the blank with the correct form of** a **+ definite article if necessary.** (3 pts. each)

a. Luis trabaja _____ oficina de su padre.

b. Yo viajo _____ España.

c. Regresamos _____ hotel.

d. Entras _____ correo.

e. Respondemos _____ preguntas.

f. Trabajamos _____ restaurantes.

1.04 **Fill in the blank with the correct form of** de **+ definite article if necessary.** (3 pts. each)

a. Es el libro _____ Miguel.

b. Regresan _____ estadio.

c. Corren _____ perros.

d. Aprendo _____ biología.

e. Parte _____ aeropuerto.

f. Es la familia _____ chicas.

79 / 99

Score _____

Teacher check _____
  Initial    Date

# II. VOCABULARY

**Occupations**

|  |  |
|---|---|
| el abogado, la abogada | lawyer |
| el actor, la actriz | actor/actress |
| el arquitecto, la arquitecta | architect |
| el hombre (la mujer) de negocios | businessman (woman) |
| el enfermero, la enfermera | nurse |
| el ingeniero, la ingeniera | engineer |
| el jefe, la jefa | boss |
| **el profesor**, la profesora | teacher |
| el policía, la policía | police officer |
| el programador (la programadora) de computadoras | computer programmer |
| el secretario, la secretaria | secretary |
| el farmacéutico, **la farmacéutica** | pharmacist |
| el veterinario, la veterinaria | veterinarian |
| el escritor, la escritora | writer |
| el historiador, la historiadora | historian |
| el fotógrafo, la fotógrafa | photographer |
| el/la dentista | dentist |
| el/la pianista | pianist |
| el/la periodista | journalist |
| el/la artista | artist |
| el/la gerente | manager |
| el/la comerciante | merchant |
| el/la médico | doctor |
| **el/la piloto** | pilot |
| **el/la músico** | musician |

  Fill in the blank with a profession described on the previous page. Some may have more than one answer.

2.1
a. Paco trabaja a la tienda. _____
b. El Sr. Gomez trabaja a la farmacia. _____
c. María trabaja en el hospital. _____
d. La Sra. Chavez trabaja en el museo. _____
e. Luis trabaja en el teatro. _____
f. El Sr. Ayala trabaja en la oficina. _____
g. Jorge trabaja en el aeropuerto. _____
h. La Sra. Chinchón trabaja en la escuela. _____
i. El Sr. Ché trabaja en la corte (court) _____
j. Luisa escribe libros. _____
k. Mario diseña el estadio. _____
l. La Srta. Barzón trabaja con animales. _____
m. El Sr. Sanzón toca el piano. _____
n. Teresa trabaja en el ayuntamiento. _____
o. Alicia saca fotos. _____

**Read and practice the following conversation.**

Juan: Mi padre es abogado.
Luis: Ah, sí, ¿Dónde trabaja?
Juan: Trabaja en una oficina en el centro.
Luis: Mi padre es médico.
Juan: ¿Trabaja en el hospital?
Luis: Sí, y en una oficina también.
Juan: Deseo ser farmacéutico. Voy a trabajar en la farmacia.
Luis: Deseo ser historiador y trabajar en el museo.

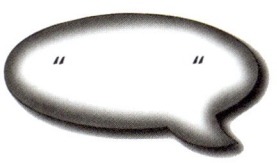
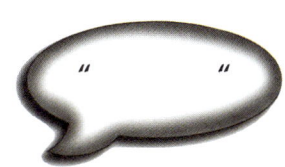

  **Answer the following questions about the conversation.**

2.2
a. ¿Qué es el padre de Juan?

b. ¿Cuál es la profesión del padre de Luis?

c. ¿Dónde trabajan los dos padres?

d. ¿Qué desea ser Juan?

e. ¿Y Luis?

Create your own conversation about professions by replacing the bolded words in the conversation.

2.3
Juan: Mi **padre** es **abogado**.
Luis: Ah, sí, ¿Dónde trabaja?
Juan: Trabaja en **una oficina** en el centro.
Luis: Mi padre es **médico**.
Juan: ¿Trabaja en el **hospital**?
Luis: **Sí, y en una oficina también**.
Juan: Deseo ser **farmacéutico**. Voy a trabajar en la farmacia.
Luis: Deseo ser **historiador** y trabajar en **el museo**.

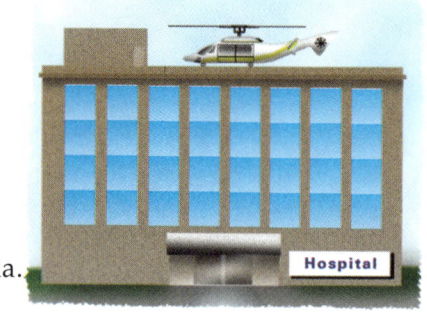

Read the following essay written by Amparo about the professions of her family members and then fill in the chart with the information provided in the passage.

2.4
    Mi padre es policía. Busca a los criminales y ayuda a las personas que necesitan ayuda. Mi madre es fotógrafa. Saca fotos de familias. Mi tía Luisa es profesora de biología en la Universidad. Enseña a los jovenes. Mi tío Patricio es programador de computadoras. Trabaja en una compañía grande. Mi hermano David estudia ser veterinario en la Universidad. Toma clases de mi tía. Mi hermana Daniela desea ser una mujer de negocios. Desea trabajar en una compania grande como mi tío. Mi primo Miguel es piloto. Viaja a muchas ciudades diferentes. Mi prima Anita es periodista. Escribe para un periódico pequeño en el centro. Y yo, soy estudiante. Deseo ser escritora de novelas de misterio.

|   | Nombre | Profesión | Trabajo |
|---|--------|-----------|---------|
| 1. | a. | b. | c. |
| 2. | a. | b. | c. |
| 3. | a. | b. | c. |
| 4. | a. | b. | c. |
| 5. | a. | b. | c. |
| 6. | a. | b. | c. |
| 7. | a. | b. | c. |
| 8. | a. | b. | c. |
| 9. | a. | b. | c. |

## Los Números 30–100

Unlike the numbers 16–29, there is only one way to write each number for the numbers 30–100.

| | |
|---|---|
| 30 | treinta |
| 31 | treinta y uno |
| 40 | cuarenta |
| 42 | cuarenta y dos |
| 50 | cincuenta |
| 53 | cincuenta y tres |
| 60 | sesenta |
| 64 | sesenta y cuatro |
| 70 | setenta |
| 75 | setenta y cinco |
| 80 | ochenta |
| 86 | ochenta y seis |
| 90 | noventa |
| 97 | noventa y siete |
| 100 | ciento (cien before nouns) |

**Sesenta** (60) and **setenta** (70) are often confused. Please try to remember that **sesenta** is similar to **seis** (six) and **setenta** is similar to **siete** (seven).

  **Write out the following math problems.**

2.5
  a. 99 – 33 = 66  _____
  b. 82 – 43 = 39  _____
  c. 58 + 17 = 75  _____
  d. 30 x 3 = 90  _____
  e. 87 – 35 = 52  _____

  **Answer the following questions with a number (written out in Spanish).**

2.6
  a. ¿Cuántas estrellas hay en la bandera de los Estados Unidos? _____
  b. ¿Cuánto es veinte y dos por cuatro? _____
  c. ¿Cuántos minutos hay en una hora? _____
  d. ¿Cuántas horas hay en tres días? _____
  e. ¿Cuántas semanas hay en un año? _____

# SELF TEST 2

2.01  **Decide which occupation is being described. Use the masculine form of each. Some may have more than one profession.** (3 pts. each)

   a. Toca el piano. _____

   b. Trabaja en el hospital _____

   c. Busca a los criminales _____

   d. Enseña a los chicos _____

   e. Escribe novelas _____

   f. Viaja en aeroplano _____

   g. Trabaja con computadoras _____

   h. Trabaja en una companía _____

   i. Trabaja con animales _____

   j. Trabaja en los dramas
      o en la television _____

   k. Trabaja en una farmacia _____

   l. Es el gerente de todos _____

   m. Trabaja en el museo _____

   n. Vende su arte _____

   o. Trabaja en una tienda _____

2.02  **Write out the following equations.** (3 pts. for each number)

   a. 100 – 35 = 65

   b. 94 – 41 = 53

   c. 89 – 15 = 74

   d. 44 + 33 = 77

   e. 99 – 52 = 47

   f. 66 + 22 = 88

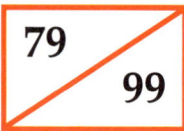

Score _____

Teacher check _____
                          Initial      Date

# III. ADJECTIVES

## Agreement of Adjectives

In Spanish, adjectives have gender and number just as nouns do. Therefore, the adjectives agree in gender and number with the nouns they modify. There are three types of agreement made.

1. **Adjectives which end in o in the masculine singular have four forms.**

|  | Singular | Plural |
|---|---|---|
| **Masculine** | alto | altos |
|  | bajo | bajos |
| **Feminine** | alta | altas |
|  | baja | bajas |

The masculine singular form of the adjective is the form usually given. When the adjective ends in **o** in the masculine singular, it has four changes in form to allow it to agree with the noun it modifies. For example:

El hombre es **alto**.   Los hombres son **altos**.

La mujer es **alta**.   Las mujeres son **altas**.

Notice that when the noun is **el hombre** the adjective is **alto** but that when the noun is **la mujer** the adjective is **alta**. When made plural these adjectives also add **s** to form the plural.

Common adjectives that end in **-o** are:

| | | | |
|---|---|---|---|
| **alto** | tall | **bonito** | pretty |
| **bajo** | short | **guapo** | good-looking |
| **bueno** | good | **feo** | ugly |
| **malo** | bad | **divertido** | fun, amusing |
| **simpático** | friendly, nice | **aburrido** | boring |
| **antipático** | unpleasant | **nuevo** | new |
| **moreno** | brunette | **viejo** | old |
| **rubio** | blond | **famoso** | famous |
| **delicioso** | delicious | **perezoso** | lazy |
| **rico** | rich | **rojo** | red |
| **amarillo** | yellow | **negro** | black |
| **pardo** | brown | **morado** | purple |
| **anaranjado** | orange | **blanco** | white |

Sample sentences:

| | |
|---|---|
| **El libro es nuevo.** | The book is new. |
| **La familia simpática viaja a España.** | The nice family is travelling to Spain. |
| **Los hombres antipáticos parten.** | The unpleasant men are leaving. |
| **Las mujeres morenas corren.** | The brunette ladies are running. |
| **La clase es divertida.** | The class is amusing (fun). |
| **Las mochilas son nuevas.** | The backpacks are new. |

Notice that in the adjective in direct modification is placed directly after the noun. This seems rather "backwards" to English but is correct for Spanish.

 **Fill in the blank with the correct form of the adjective in parentheses that agrees with the noun in bold letters.**

3.1

a. Mi **amigo** es _____ (alto)

b. Los **chicos** son _____ (guapo)

c. La **profesora** es _____ (rubio)

d. La **secretaria** es _____ (simpático)

e. Los **discos** son _____ (viejo)

f. Las **clases** son _____ (divertido)

g. El **libro** es _____ (aburrido)

h. Mi **amiga** es _____ (bonito)

i. Mis **hermanas** son _____ (rubio)

j. Mis **primos** son _____ (moreno)

2. The second group of adjectives are those that end in a vowel other than o and those that end in consonants. The adjectives only have two forms—singular and plural. The gender of the noun is not considered.

|  | Singular | Plural |
|---|---|---|
| **Masculine** | verde | verdes |
|  | popular | populares |
| **Feminine** | verde | verdes |
|  | popular | populares |

Note that in these nouns the only consideration is whether the noun is singular or plural. Remember that those that end in a vowel will add **s** and those that end in a consonant will add **es**.

Some common adjectives in this category are:

| | | | |
|---|---|---|---|
| agradable | likeable, nice | joven | young |
| emocionante | exciting | difícil | difficult |
| excelente | excellent | fácil | young |
| formidable | great, wonderful | responsable | responsible |
| importante | important | impaciente | impatient |
| independiente | independent | paciente | patient |
| inteligente | intelligent | grande | large |
| interesante | interesting | enorme | enormous |
| elegante | elegant | fuerte | strong |
| pobre | poor | azul | blue |
| gris | gray | feliz | happy (felices, pl.) |
| diferente | different | | |

**Fill in the blank with the correct form of the adjective in parentheses that agrees with the noun in bold letters.**

3.2
a. Mi **madre** es _____ (elegante)
b. Los **perros** son _____ (joven)
c. La **dentista** es _____ (formidable)
d. Las **lecciones** son _____ (importante)
e. Mi **hermana** es _____ (independiente)
f. El **secretario** es _____ (paciente)
g. Los **niños** son _____ (pobre)
h. La **mochila** es _____ (azul)
i. Las **tareas** son _____ (difícil)
j. El **policia** es _____ (fuerte)

3. The third group of adjectives are those that tell nationality and a few special adjectives. These adjectives have four forms, although they may end in a consonant. Examine the following chart:

| | Singular | Plural |
|---|---|---|
| **Masculine** | mexicano | mexicanos |
| | frances | franceses |
| | trabajador | trabajadores |
| **Feminine** | mexicana | mexicanas |
| | francesa | francesas |
| | trabajadora | trabajadores |

With this group, agreement must be made with both gender and number. Some common adjectives in this category are:

| | | | |
|---|---|---|---|
| **inglés** | English | **escandinavo** | Scandinavian |
| **francés** | French | **burlón** | mocking |
| **alemán** | German | **charlatán** | gabby, chatty |
| **portugués** | Portuguese | **chiquitín** | tiny |
| **japonés** | Japanese | **encantador** | charming |
| **americano** | American | **hablador** | talkative |
| **italiano** | Italian | **preguntón** | inquisitive |
| **peruano** | Peruvian | **trabajador** | hard working |
| **suizo** | Swiss | | |

Note that in those adjectives that have an accent on the last syllable the accent is not needed when the additional letters are placed at the end because the stress now falls on the correct syllable.

| | | | |
|---|---|---|---|
| inglés | inglesa | ingleses | inglesas |
| burlón | burlona | burlones | burlonas |

 **Fill in the blank with the correct form of the adjective in parentheses that agrees with the noun in bold letters.**

3.3
a. El **Sr. Chang** es _____ (japonés)

b. Los **chicos** son _____ (charlatán)

c. La **Sra. Gomez** es _____ (peruano)

d. Los **estudiantes** son _____ (preguntón)

e. La **familia** es _____ (americano)

f. Mi **médico** es _____ (francés)

g. **Luisa** es _____ (charlatán)

h. Las **alumnas** son _____ (trabajador)

i. **Carmelita** es _____ (portugués)

j. **Jorge** es _____ (encantador)

The types of adjective agreement are summarized below:

|  | Singular | Plural |
|---|---|---|
| **Masculine** | rico | ricos |
|  | gris | grises |
|  | alemán | alemanes |
|  | hablador | habladores |
| **Feminine** | rica | rica |
|  | gris | grises |
|  | alemana | alemanes |
|  | habladora | habladores |

 **Fill in the blank with the correct form of the adjective in parentheses.**

3.4

a. Marianela es una chica _____ (rubio)

b. Los libros son _____ (interesante)

c. La cocina es _____ (mexicano)

d. Las casas son _____ (elegante)

e. Los dormitorios son _____ (azul)

f. Patricia es _____ (hablador)

g. La escuela es _____ (nuevo)

h. Los hermanos son _____ (americano)

i. El cuarto de baño es _____ (pequeño)

j. El restaurante es _____ (formidable)

k. Las tiendas son _____ (famoso)

l. El profesor es _____ (paciente)

m. Mi tía es _____ (impaciente)

n. El comedor es _____ (amarillo)

o. Las plumas son _____ (rojo)

p. Los papeles son _____ (blanco)

q. Las banderas son _____ (peruano)

r. La pizarra es _____ (verde)

s. Los lápices son _____ (negro)

t. El estudiante es _____ (trabajador)

## Placement of Adjectives

Generally adjectives are placed either before or after the noun when directly modifying. The basic rule here is that if the adjective expresses a quantity it is placed directly in front of the noun it modifies.

When it is a descriptive adjective it is placed directly after the noun. For example:

**unos chicos inteligentes** — some intelligent boys
**varios libros divertidos** — several amusing books
**muchas ideas nuevas** — many new ideas

Common adjectives of quantity are:

| | |
|---|---|
| **un/una** | a, an, one |
| **mucho/mucha** | much |
| **poco/poca** | little |
| **todo el/toda la** | all |
| **cada** | each (does not change forms) |
| **muchos/muchas** | many |
| **pocos/pocas** | few |
| **todos los/todas las** | every, all |
| **varios/varias** | several |
| **algunos/algunas** | some (becomes **algún** before masculine singular nouns) |
| **unos/unas** | some |

These precede the noun, and other than **cada**, they will agree with the noun they modify. The adjectives in the previous lists will come after the noun.

**Translate the following to Spanish.**

3.5
a. Several Japanese men  _____

b. Many inquisitive girls  _____

c. Few good photographers  _____

d. One good secretary (female)  _____

e. Three kind nurses (female)  _____

f. Some amusing journalists (male)  _____

g. A German manager  _____

h. All the patient veterinarians  _____

i. A likeable writer (female)  _____

j. A strong policeman  _____

**Answer the following questions using a description.**

3.6

1. ¿Qué color es la bandera de los Estados Unidos?

2. ¿Cómo es tu libro favorito?

3. ¿Qué nacionalidad es Luisa?

4. ¿Cómo es Mt. Everest?

5. ¿Qué color es tu dormitorio?

6. ¿Quién es George Washington?

7. ¿Quién son Judy Blume y Raold Dahl?

8. ¿Quién son Pablo Picasso?

9. ¿Cómo es la "Casa Blanca"?

10. ¿Cómo son los Estados Unidos?

Detail of "Guernica" by Picasso

# Conversation – ¿Cómo es?

**Practice the conversation with your learning partner and then say it to the class.**

3.7
Ana: ¿Cómo es tu padre, Elisa?
Elisa: Es alto, moreno y delgado.
Ana: ¿Cuál es su profesión?
Elisa Es abogado bueno. ¿Y tu padre? ¿Cómo es?
Ana: Es alto, rubio, y un poco gordo.
Elisa: ¿Y su profesión?
Ana: Es arquitecto formidable en el centro.

✓ Adult check _____
Initial          Date

**Rewrite the following conversation, replacing the bolded words with correct words to prepare a new conversation. Then say it to the class with your learning partner.**

Ana: ¿Cómo es tu **padre**, Elisa?
Elisa: Es **alto, moreno y delgado**.
Ana: ¿Cuál es su profesión?
Elisa Es **abogado inteligente**. ¿Y tu **padre**? ¿Cómo es?
Ana: Es **alto, rubio, y un poco gordo**.
Elisa: ¿Y su profesión?
Ana: Es **arquitecto formidable en el centro.**

3.8 _____
_____
_____
_____
_____
_____
_____
_____
_____
_____
_____

✓ Adult check _____
Initial          Date

# SELF TEST 3

3.01 **Fill in the following chart with the missing forms.** (1 pt. each)

| Masculine Singular | Masculine Plural | Feminine Singular | Feminine Plural |
|---|---|---|---|
| 1. rubio | | | |
| 2. | fuertes | | |
| 3. | | alemana | |
| 4. | | | trabajadoras |
| 5. | viejos | | |
| 6. | | azul | |
| 7. | | | pacientes |
| 8. nuevo | | | |
| 9. | famosos | | |
| 10. | | | elegantes |

3.02 **Write the following phrases.** (2 pts. each word, 6 pts. per sentence)

a. A pretty beach _____

b. Some Swiss brothers _____

c. Many fun classes _____

d. A boring teacher (m) _____

e. All the nice doctors _____

3.03 **Fill in the blank with the correct form of the adjective.** (2 pts. each adjective)

a. Mario es un médico _____ en el hospital _____.
                                           excelente                       nuevo

b. La Sra. Lopez es una profesora _____ en la escuela _____.
                                                       mexicano                     elegante

c. Los hombres son gerentes _____ en la tienda _____.
                                           inteligente                   viejo

d. La mujer _____ es _____.
                  francés             bonito

e. Las tareas _____ son _____.
                  difícil             aburrido

f. La familia _____ viven en una casa _____.
                  famoso             enorme

g. La abogada _____ trabaja en la oficina _____.
                  trabajador             grande

h. Los chicos _____ van a la playa _____.
                  joven             encantador

i. La chica _____ vive en la casa _____.
                  chiquitín             blanco

j. El jefe _____ trabaja en el banco _____.
                  excelente             italiano

80 / 100

Score _____

Teacher check _____
                         Initial       Date

# IV. VERB CONJUGATION: *ESTAR*

The verb estar (to be)

| yo | **estoy** | I am | nosotros | **estamos** | we are |
| tú | **estás** | you are | vosotros | **estáis** | (Spain only) you are |
| él | **está** | he is | ellos | **están** | they are |
| ella | **está** | she is | ellas | **están** | they are |
| Ud. | **está** | you are | Uds. | **están** | you are |

**Fill in the blank with the correct form of the verb** estar.

4.1
a. Yo _____ contento.
b. Nts. _____ nerviosos.
c. Luis _____ alegre.
d. Tú _____ emocionado.
e. Los chicos _____ cansados.
f. Arturo y yo _____ sorprendidos.
g. Las mujeres _____ preocupadas.
h. Las chicas _____ celosas.
i. La clases _____ en la escuela.
j. Ud. _____ al banco.

**Estar** is used to mean "to be" when discussing health, emotions and locations. Common adjectives of health and emotions are:

| | | | |
|---|---|---|---|
| **contento** | happy | **triste** | sad |
| **encantado** | delighted | **alegre** | happy |
| **cansado** | tired | **asustado** | frightened |
| **emocionado** | excited | **espantado** | scared |
| **celoso** | jealous | **repugnado** | disgusted |
| **enfermo** | sick | **preocupado** | worried |
| **frustrado** | frustrated | **desilusionado** | disappointed |
| **sorprendido** | surprised | **deprimido** | depressed |
| **enojado** | angry | **nervioso** | nervous |
| **tímido** | shy | **soñoliento** | drowsy, sleepy |

These adjectives must agree with the nouns they modify just as the previously learned ones did. For example:

|  | Singular | Plural |
|---|---|---|
| **Masculine** | contento | contentos |
|  | triste | tristes |
| **Feminine** | contenta | contentas |
|  | triste | tristes |

**Translate the following sentences using the correct form of estar and the correct adjective from the list above.**

4.2
    a. Mariana is happy.

    b. We are excited.

    c. You (s., fam.) are shy.

    d. Elena and Luisa are nervous.

    e. The class is surprised.

    f. The boys are angry.

    g. The lawyer is worried.

    h. The artists are delighted.

    i. I am sleepy.

    j. You (pl.) are sick.

**Estar** is also used to express the location of items. Some common prepositions which tell us location are:

| a | at, to | de | of, from |
| en | in, on | por | through |
| cerca de | near, close to | detrás de | behind |
| lejos de | far from | entre | between, among |
| al lado de | next to, beside | encima de | on top of, above |
| frente a | facing | debajo de | under, beneath |
| enfrente de | in front of | dentro de | inside, within |
| sobre | over, above | delante de | in front of |
| entre | between | a través de | across from |

**Write the following questions and answers in Spanish using a form of** estar **and the correct preposition.**

4.3    a. Where is the bank? It is near the theater.

b. Where is the café? It is next to the post office.

c. Where is the church? It is behind the stadium.

d. Where is the store? It is next to the library.

e. Where is the park? It is in front of the museum.

f. Where is the restaurant? It is far from the post office.

g. Where is the church? It is between the stadium and the bank.

h. Where is the store? It is next to the library.

i. Where is the supermarket? It is across from the café.

j. Where is the plaza? It is facing the restaurant.

# SPANISH

ONE

## LIFEPAC 4 TEST

80/100

Name _____

Date _____

Score _____

# SPANISH I: LIFEPAC TEST 4

1. Fill in the blank with the correct form of the verb **estar**. (1 pt. each)

    a. Estela _____ enferma.

    b. Yo _____ bien.

    c. Nts. _____ aquí.

    d. Uds. _____ contentos.

    e. Tú _____ en el supermercado.

2. Fill in the blank with the correct form of the verb **ir**. (2 pts. each)

    a. Yo _____ al estadio.

    b. Los chicos _____ a visitar a sus amigos.

    c. Tú _____ a la tienda.

    d. Luis y yo _____ al cine.

    e. Mariana _____ a la biblioteca.

3. Fill in the blank with the correct form of the adjective in parentheses. (1 pt. each)

    a. Maria está _____. (cansado)

    b. Luis y Pablo son _____. (alegre)

    c. La casa _____ está cerca. (blanco)

    d. Las chicas _____ son amigas. (rubio)

    e. Visitamos a los museos _____. (nuevo)

    f. Prepara las comidas _____ aquí. (delicioso)

    g. El Sr. Gomez es _____. (rico)

    h. La familia vive en un pueblo _____. (pequeño)

    i. Prefiero las tiendas _____. (moderno)

    j. El chico está _____. (triste)

4. Answer the following questions in the negative using **no, nada** or **nunca**. (2 pts. each)

    a. ¿Qué vas a estudiar?
    _____

    b. ¿Cuándo visitas el estadio?
    _____

    c. ¿Trabajan Uds. en el museo?
    _____

    d. ¿Qué prepara tu madre para comer?
    _____

    e. ¿Cuándo parten los chicos para el juego.
    _____

5. Fill in the first blank with the correct form of **a** + the definite article and the second blank with **de** + the definite article. (1 pt. each answer)

   a. Vamos _____ Museo _____ Historia Moderna.

   b. Miran _____ casa blanca _____ Señor Gomez.

   c. Comen _____ restaurantes _____ barrios (neighborhoods).

   d. Hablo _____ Sra. Chavez _____ clases.

   e. Trabajo _____ supermercado _____ pueblo.

6. Fill in the blank with the correct form of **ser** or **estar**, whichever verb is correct for the sentence. (1 pt. each answer)

   a. Yo _____ abogado y mi oficina _____ en la ciudad.

   b. Nts. _____ amigos y _____ en el parque.

   c. Tú _____ en la tienda que _____ nueva.

   d. Uds. _____ alegres que los Leones _____ campeones. (champions)

   e. Mario _____ estudiante en la escuela que _____ en el centro.

7. Write out the following numbers. (2 pts. each)

   a. 46 _____

   b. 89 _____

   c. 92 _____

   d. 73 _____

   e. 55 _____

8. Read the following passage and then answer the questions that follow. (5 pts. each)

Hola, me llamo Alicia. Vivo en un pueblo interesante con mi familia. Mi padre es médico. Trabaja en el hospital grande en el pueblo. Es un médico excelente. Muchas personas van a la oficina moderna de mi padre. Visito a su oficina después de la escuela. Mi madre es secretaria en la biblioteca nueva. Ella desea leer muchos libros. Voy a la biblioteca cuando no voy a la oficina de mi padre. Hay muchos libros interesantes allí. Leo los libros de misterios y ficción. Mi hermana Carlota va a la biblioteca también. Lee las revistas nuevas de la moda y los libros de ciencia-ficción.

Todos mis parientes tienen (have) profesiones excelentes. Mi tío Ricardo es ingeniero. Trabaja en la oficina del gobierno. Mi tía Elena es arquitecta para la compañía Sanzón. Ayuda con el diseño (design) de la nueva biblioteca donde mi madre trabaja. Mi primo Eduardo estudia en la universidad. Va a ser abogado. Deseo ir a la universidad que mi primo asiste. Deseo ser farmacéutico. Mi hermana desea ir a la universidad para estudiar ser profesora de matemáticas. Mi abuela es profesora de inglés y mi abuelo es profesor de computadoras. No trabajan ahora. Son viejos. Viajan mucho. Ahora van a España y Francia. Mi familia es muy simpática.

   a. ¿Dónde vive Alicia? _____

   b. ¿Cuál es la profesión de su padre? _____

c. ¿Dónde trabaja su madre? _____

d. ¿Adónde va Carlota después de la escuela? _____

e. ¿Cuál es la profesión de su tío? _____

f. ¿Para quién trabaja? _____

g. ¿Quién es arquitecta? _____

h. ¿Qué estudia su primo Eduardo? _____

i. ¿Por qué no trabajan sus abuelos? _____

j. ¿Adónde van los abuelos? _____

## Conversation

Ana: ¿Cómo estás?
Pilar: Estoy triste.
Ana: ¿Por qué estás triste?
Pilar: Voy al médico.
Ana ¿Estás enferma?
Pilar Sí. ¿Dónde está la oficina del médico?
Ana: Está cerca de la biblioteca. Voy a la biblioteca. Caminamos juntos.
Pilar: Gracias.

 **Answer the questions about the conversation.**

4.4
a. ¿Cómo está Pilar?

b. ¿A dónde va Pilar?

c. ¿Dónde está la oficina del médico?

 **Rewrite the conversation, replacing the bold words with new expressions.**

4.5
Ana: ¿Cómo estás?
Pilar: Estoy **triste**.
Ana: ¿Por qué estás **triste**?
Pilar: Voy al **médico**.
Ana ¿Estás **enferma**?
Pilar Sí. ¿Dónde está **la oficina del médico**?
Ana: Está **cerca de la biblioteca**. Voy a **la biblioteca**. Caminamos juntos.
Pilar: Gracias.

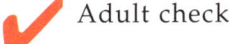 Adult check _____
                         Initial          Date

# SELF TEST 4

4.01 **Fill in the blank with the correct form of the verb** estar. (4 pts. each)

a. Luis y Miguel _____ en el cine.

b. Tomás _____ en la biblioteca.

c. Yo _____ enfrente del estadio.

d. Tú _____ detrás de la tienda.

e. Uds. _____ en el teatro.

f. Laura _____ en el supermercado.

g. Nts. _____ cerca de la plaza.

h. Las mujeres _____ delante de la tienda.

i. Ud. _____ en la oficina.

j. Edmundo y yo _____ en el estadio.

4.02 **Write a complete sentence describing the emotions expressed by the people in the pictures below.** (4 pts. each)

a. _____

b. _____

c. _____

d. _____

e. _____

f. _____

g. _____

4.03 **Write the relationship of the two objects in question.** (4 pts. each)

a. _____

b. _____

c. _____

d. _____

e. _____

f. _____

g. _____

h. _____

| 80 / 100 |

Score _____
Teacher check _____
　　　　　　　　Initial　　　　Date

# V. STATE OF BEING VERBS

## Conversation

Timo: ¡Hola, Daniel! ¿Cómo estás?
Daniel: Estoy bien. ¿Y tú?
Timo: Fantástico.
Daniel: Eres siempre feliz.
Timo: Estoy contento ahora porque voy al cine con Isabel.
Daniel: ¿Isabel? Es una chica bonita y simpática.
Timo: Eres muy inteligente, amigo.
Daniel: ¿Dónde está la película?
Timo: En el cine Colón.
Daniel: ¿A qué hora es la película?
Timo: Es a las siete y media.
Daniel: Alicia y yo vamos a las siete y media también.
Timo: Vamos juntos.

**Answer the questions concerning the conversation.**

5.1
a. ¿Cómo está Daniel? _____
b. ¿Cómo está Timo? _____
c. ¿Cómo es Daniel siempre? _____
d. ¿Por qué está contento Timo? _____
e. ¿Cómo es Isabel? _____
f. ¿Dónde está la película? _____
g. ¿A qué hora es la película? _____
h. ¿Quiénes van al cine? _____

**Conversation practice.**

5.2 Practice saying the conversation with your learning partner. Then share with your teacher/class.

✔ Adult check _____
   Initial          Date

## Explanation

**Comparison of using ser or estar as the state of being verb:**

Both **ser** and **estar** are used to express a state of being. But because there are two verbs, there are two sets of usage. These verbs are **not** synonyms. They are used to express the state of being in very specific instances.

Look at the following explanations:

**SER:**

1. Origin: **Soy de España.** — I am from Spain.
2. Occupation: **La Sra. Alvarez es profesora.** — Mrs. Alvarez is a teacher.
3. Description: **Maria es bonita.** — Maria is pretty.
   **La casa es grande.** — The house is big.
4. Possession with **de**: **Es el coche de Ramón.** — It's Ramon's car.
5. Time: **Son las dos.** — It is 2:00.
   **Es la medianoche.** — It is midnight.
6. Dates: **Hoy es el dos de mayo.** — Today is May 2nd.

**ESTAR:**

1. Location: **La revista está sobre la mesa.** — The magazine is on the table.
   **Mis padres están en Madrid.** — My parents are in Madrid.
2. Health: **Mi abuela está enferma.** — My grandmother is ill.
3. Emotions: **Luisa está triste.** — Luisa is sad.
   **Estamos contentos.** — We are happy.
4. Conditions: **La puerta está abierta.** — The door is open.
   **Las habitaciónes están limpio.** — The rooms are clean.

## Common Adjectives of "Condition"

| | | | |
|---|---|---|---|
| **abierto** | open | **lleno** | full |
| **ausente** | absent | **ocupado** | busy |
| **caliente** | hot | **sentado** | seated |
| **cerrado** | closed | **sucio** | dirty |
| **frío** | cold | **vacío** | empty |
| **limpio** | clean | | |

When using **¿Cómo?** with the state of being verbs, the inference is different, depending on which you use. **¿Cómo estás?** asks "How are you?" inquiring about a person's health. **¿Cómo es?** asks "What is he/she/it like?" inquiring about characteristics. The answers to these two questions would be very different.

| | |
|---|---|
| **¿Cómo estás?** | How are you? |
| **Estoy bien.** | I am fine. |
| **Estoy enfermo.** | I am ill. |
| **Estoy cansado.** | I am tired. |
| | |
| **¿Cómo es?** | What is he like? |
| **Es grande.** | He's big. |
| **Es alto.** | He's tall. |
| **Es alemán.** | He's German. |

Notice that **ser** is the verb of identification.

**Decide which form of ser or estar would be correct for the sentence.**

5.3
a. Mario _____ mi amigo.
b. José _____ enfermo.
c. Nts. _____ de Venezuela.
d. Tú _____ piloto.
e. Yo _____ ocupado.
f. Alicia y Miguela _____ ausentes.
g. Tú _____ contento.
h. Yo _____ escritora.
i. Nts. _____ al cine.
j. Uds. _____ estudiantes.
k. Arturo y Marco _____ al estadio.
l. Los Gomez _____ de Paraguay.
m. Ud. _____ mexicano.
n. Nts. _____ altos y rubios.
o. La clase _____ a la biblioteca.

## Conversation Practice: Te toca a ti

Situation: you and your friend are discussing the first day of school.

5.4

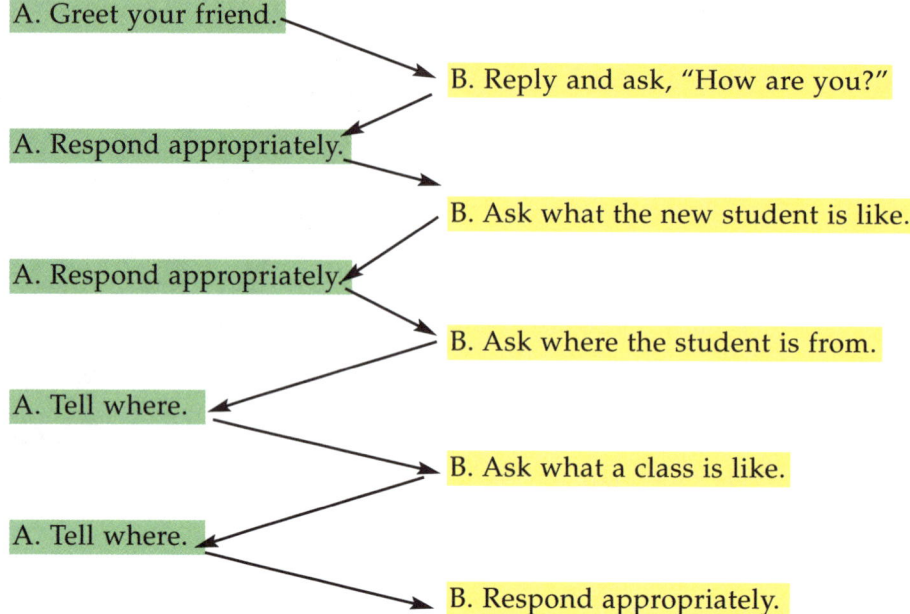

Now switch parts and create a new dialogue with new questions.

✔ Adult check _____
  Initial                Date

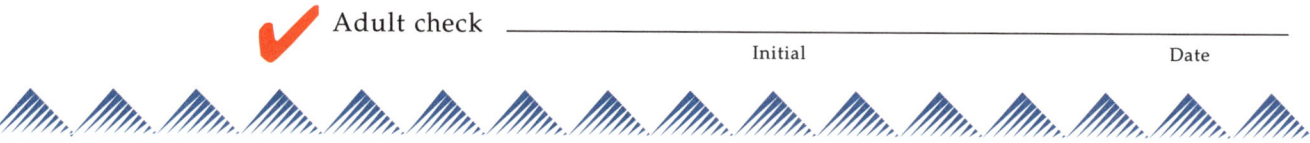

## Reading Comprehension

Mi amigo, David, es de Colombia. Está aquí por un año para asistir a la escuela. Desea aprender el inglés. David es alto y moreno. Es jugador de fútbol. Es muy bueno. Ahora está en la clase de inglés. La clase es difícil para David. La pronunciación es un problema grande.

David vive con la familia Douglas. Está contento con la familia. Su madre americana es enfermera y su padre americano es ingeniero. Hay dos chicos, Tomás y Marco, en la familia. Son amigos de David. Todos los sábados van al cine. Los chicos siempre están emocionados porque van a ver una película nueva. Es una comedia musical. Toda la familia está encantada después de la película.

Answer the following questions concerning the above reading passage.

5.5
  a. ¿De dónde viene David?

  b. ¿Por cuánto tiempo está aquí?

  c. ¿Por qué está aquí?

  d. ¿Cómo es David?

  e. ¿Dónde está David?

f. ¿Cómo es la clase para David?

g. ¿Con quién vive?

h. ¿Cuáles son las profesiones de los Douglas?

i. ¿Quiénes son los chicos?

j. ¿Por qué están emocionados?

# SELF TEST 5

5.01 **Decide whether to use a form of** ser **or a form of** estar **in the following sentences.** (5 pts. each)

a. _____ las ocho y media.

b. Mi padre _____ arquitecto famoso.

c. Yo _____ enfermo ahora.

d. Luis y Daniel _____ al estadio ahora.

e. Mi clase de historia _____ muy interesante.

f. Tú _____ contento.

g. Nts. _____ preocupados.

h. Uds. _____ altos.

i. Tú _____ simpático.

j. Mis abuelos _____ viejos.

k. Ud. _____ en la oficina del médico.

l. Hoy _____ el treinta de octubre.

m. Mariana _____ tímida.

n. Yo _____ americano.

o. Luis y Tomás _____ enojados.

5.02 **Translate the following to Spanish.** (5 pts. each)

a. I am a student. _____

b. It is 7:30. _____

c. They are at the post office. _____

d. Ana is blonde _____

e. I am tired. _____

80/100

Score _____

Teacher check _____
   Initial    Date

35

# VI. NEGATIVE WORDS

Paco no está contento ahora y su amigo Luis desea ayudar a Paco.

Luis: ¿Deseas ir al cine esta noche, Paco?
Paco: No, no hay ninguna película que deseo ver.
Luis: ¿Deseas visitar a un amigo?
Paco: No, no hay nadie que deseo visitar.
Luis: ¿Deseas comer en un café?
Paco: No, no como nunca en un café.
Luis: ¿Qué deseas?
Paco: No deseo nada. Voy a casa.

 **Answer the questions concerning the above dialogue.**

6.1  a. ¿Cómo está Paco? _____

b. ¿Por qué Paco no desea ir al cine? _____

c. ¿Por qué Paco no desea visitar a un amigo. _____

d. ¿Por qué Paco no desea comer en un café? _____

e. ¿Qué desea Paco? _____

 **Complete this activity.**

6.2  Practice the above dialogue with your learning partner. Then share with your class.

 Adult check _____
                              Initial              Date

## Negative Words

In Spanish when a word in a sentence is a negative word, all words that can be negative are in the negative. This is the opposite of English, where "double negatives" are considered poor grammar.

**No como ningunas frutas nunca.** "I don't ever eat fruits" is the good translation. The direct translation literally says "I do not eat no fruits never."

| **Common Negative Words** | | **Common Positive Words** | |
|---|---|---|---|
| **no** | no, not | **sí** | yes |
| **nada** | nothing, not anything | **algo** | something |
| **nadie** | no one, not anyone | **alguien** | someone |
| **nunca** | never, not ever | **siempre** | always |
| **ninguno** | no, none, not any | **alguno** | some |

There are a few general rules regarding the use of negative words in a sentence.

1. **A negative word must always precede the verb in a Spanish sentence.** The most common word used to make a sentence negative is **no**. However, other negative words may also precede the verb.

   | **No voy nunca a la biblioteca** | or | **Nunca voy a la biblioteca.** |
   |---|---|---|
   | I never go to the library | or | I don't ever go to the library. |
   | **No compro nada ahora.** | or | **Nada compro ahora.** |
   | I'm not buying anything now. | or | I'm buying nothing now. |
   | **No visita a nadie.** | or | **A nadie visita.** |
   | He's not visiting anyone | or | He's visiting no one. |

2. **Notice in the Spanish sentences there is a double negative when using no before the verb.** When the other negative word precedes the verb, the **no** is not necessary. It is not possible to use the positive word along with **no** to make a correct sentence.

**Examples**:

| Negative: | Positive: |
|---|---|
| **No trabajo nunca en una oficina.** | **Trabajo siempre en una oficina.** |
| I never work in an office. | I always work in an office. |
| **No trabajo con nadie.** | **Trabajo con alguien.** |
| I don't work with anyone. | I work with someone. |
| **No escuchas nada interesante.** | **Escuchas algo interesante.** |
| You are not listening to anything interesting. | You are listening to something interesting. |
| **No compramos ningunos discos.** | **Compramos algunos regalos.** |
| We are not buying any records. | We are buying some gifts. |

Rewrite the following sentences in the negative. Be sure to make all necessary changes.

6.3

a. Yo siempre camino a la escuela.

b. Aprendemos algo diferente.

c. Hablo de algunas lecciones.

d. Visitan a alguien.

e. Entras en el estadio.

 **Answer the following questions in the negative.**

6.4
a. ¿Qué compras en la tienda?

b. ¿Con quién vas al cine?

c. ¿Cuándo ayudas a tu hermano?

d. ¿Viajas a Costa Rica?

e. ¿Llevas algunos libros a la clase?

 **Translate to Spanish.**

6.5
a. I am not studying math.

b. We never go to the movies.

c. I am not singing anything.

d. Are you preparing something?

e. Do you always listen?

f. I need some money.

g. We do not take any photos.

h. Someone is here.

i. No one ever works on Sunday.

j. We are not paying for anything.

**Reading Comprehension.**

Mi hermano, Diego, es siempre antipático. No trabaja nunca en las lecciones de escuela. Nunca habla con nadie. Siempre mira la televisión or trabaja en la computadora.

Es un chico difícil. Ahora está en la biblioteca. Necesita algunos libros para un reportaje de historia. Cuando regresa a casa, no lee ningunos libros. Va a recibir una mala nota en el reportaje. Yo siempre preparo todas las lecciones. No hay nadie como mi hermano. Diego necesita trabajar en algo para recibir buenas notas como yo. Yo deseo pasar las clases. El no desea pasar nada. Es horrible.

 **Answer the following questions concerning the above reading passage.**

6.6
    a. ¿Cómo es Diego?

    b. ¿Cómo trabaja en las lecciones?

    c. ¿Qué hace?

    d. ¿Dónde está ahora?

    e. ¿Por qué necesita libros?

    f. ¿Lee algunos libros?

    g. ¿Hay alguien como el hermano?

    h. ¿Cómo va a recibir buenas notas?

    i. ¿Qué desea pasar Diego?

    j. ¿Deseas tú pasar las clases?

# SELF TEST 6

6.01 **Match the negative word with its positive word.** (5 pts. each)

_____ 1. nunca        a. alguien

_____ 2. nada         b. siempre

_____ 3. no           c. algo

_____ 4. nadie        d. sí

_____ 5. ninguno      e. alguno

6.02 **Answer the following questions in the negative.** (5 pts. each)

a. ¿Preparas las lecciones?    _____

b. ¿Visitas a tus amigos?      _____

c. ¿Viajan Uds. a Madrid?      _____

d. ¿Explica la profesora las lecciones?  _____

e. ¿Compran algo?              _____

6.03 **Translate to English.** (5 pts. each)

a. No deseo nada.              _____

b. No regresamos nunca.        _____

c. Nadie estudia.              _____

d. No cantan ningunas canciones.  _____

e. Uds. nunca preguntan.       _____

f. Explico algo.               _____

g. La profesora enseña algo importante.  _____

h. Marco siempre termina a las dos.  _____

i. Alguien está aquí.          _____

j. Necesito algún dinero.      _____

80 / 100

Score _____

Teacher check _____
     Initial     Date

# VII. SPEAKING, WRITING, AND READING PRACTICE

## Let's Speak

 **Prepare and present a conversation using the following cues.**

7.1 Situation: You run into a friend while you are walking down the street.

A. Greet your friend.

B. Greet and ask where she/he is going.

A. Respond that you are going to _____ to see your father who is a _____ there.

B. Say that you are going to _____ which is _____ that place.

A. Ask him/her to walk with you (**conmigo**)

B. Ask how she/he is doing.

A. Respond and ask the same.

B. Respond and ask what _____ is like.

A. Respond and comment.

B. Discuss a "new" friend.

A. Respond and comment.

B. Say that you are at your destination.

A. Say goodbye.

B. Respond appropriately.

✓ Adult check _____
                        Initial                      Date

## Pronunciation Pointers: The letters B and V

The letters **b** and **v** are pronounced the same. These letters have two sounds depending on their placement in the word. (1) The first is a **soft b** sound formed by keeping the lips slightly apart. It is almost a cross between the English **b** and **v**. (2) The second sound is similar to the **b** in **bat**. This sound usually comes after the letters **m** or **n**, or after a pause.

**Listen and repeat:**

|     | (1) la bolsa | (2) bueno |
|-----|--------------|-----------|
|     | probablemente | venir |
|     | la verdad | conversación |
|     | algunas veces | embajada |
|     | caballo | enviar |
|     | vaca | barco |

**Let's Read**

Hola. Me llamo Teresa. Voy a visitar a mi prima Daniela. Es muy simpática. Es la misma edad que yo, quince años. Vamos al cine para ver una película. Después de la película vamos al café. Unos amigos van también. Cuando llegamos al cine no hay ningunos asientos. Decidimos caminar por las tiendas hasta que encontramos los amigos. En la tienda vemos muchas cosas interesantes pero no tenemos dinero. Es un problema, nunca tenemos mucho dinero. Pero estamos alegres mirando las cosas.

Finalmente es la hora de ir al café. Hay cuatro amigos allí. No hay nadie en el café menos nosotros. Escuchamos los discos de nuestros grupos favoritos. Luis desea bailar con Daniela. Yo bailo con Jorge. La música es muy buena. Hablamos de muchas cosas, también. Arturo habla del nuevo estadio para el fútbol. Es muy grande y hay muchos asientos. Los Reales van a estar allí en dos semanas. Deseamos ver los Reales. Son los mejores. No hay nadie como ellos. Pilar habla de la nueva biblioteca cerca de la escuela. Es muy moderna. Hay un cuarto con varias computadoras. Ella va a usar las computadoras para investigar a las universidades. Decidimos ir a casa a las diez. Estamos cansados.

**Vocabulario:**

| la edad | age | allí | there |
|---|---|---|---|
| los asientos | seat | menos | except |
| encontramos con | we meet | los mejores | the best |

**Preguntas – Answer in complete Spanish sentences.**

7.2
a. ¿Cómo es Daniela? _____

b. ¿Adónde van las dos? _____

c. ¿Adónde van después de la película? _____

d. ¿Por qué no ven la película? _____

e. ¿Adónde van antes de ir al café? _____

f. ¿Cuántos amigos hay al café? _____

g. ¿Quién baila con Daniela? _____

h. ¿Quién baila con Teresa? _____

i. ¿De qué habla Arturo? _____

j. ¿Cuándo van a estar allí? _____

k. ¿Cómo son los Reales? _____

l. ¿De qué habla Pilar? _____

m. ¿Qué hay en la biblioteca? _____

n. ¿Para qué usa las computadoras? _____

o. ¿A qué hora van a casa? _____

## Let's Listen

Listen to the following series of paragraphs and then answer the questions after each paragraph. Each paragraph will be read twice. Do not read the questions while you listen to the paragraphs.

### Listen to Paragraph #1 and answer these questions.

7.3
1. ¿Adónde no va Mariana? _____
   a. al estadio    b. a la tienda    c. al cine    d. al teatro
2. ¿Qué ve en el teatro?
   a. nada    b. los deportes    c. las clase    d. los conciertos
3. ¿Cuándo es el concierto de Luis Miguel?
   a. en agosto    b. en septiembre    c. en noviembre    d. ahora

### Listen to Paragraph #2 and answer these questions.

7.4
1. ¿Quién es el Sr. Chávez? _____
   a. estudiante    b. profesor    c. padre    d. ingeniero
2. ¿Qué clase enseña? _____
   a. inglés    b. español    c. matemáticas    d. historia
3. ¿Cómo son las lecciones algunas veces? _____
   a. difíciles    b. aburridas    c. interesantes    d. fáciles

### Listen to Paragraph #3 and answer these questions.

7.5
1. Este pueblo es _____.
   a. grande    b. pequeño    c. viejo    d. antipático
2. El correo está al lado del _____.
   a. teatro    b. estado    c. restaurante    d. mercado
3. ¿Cuántos supermercados hay? _____
   a. uno    b. dos    c. tres    d. cuatro
4. ¿Cómo es el estadio de la escuela? _____
   a. pequeño    b. grande    c. viejo    d. nuevo
5. ¿Dónde caminan o descansan las personas? _____
   a. al cine    b. al estadio    c. a la iglesia    d. a la plaza

## Let's Write

### Complete one of the following activities.

7.6
A. Write a letter to a pen pal describing your town. You may include a description of the buildings, what you do in the town and your favorite place in the town.
B. Create a tourist brochure for your town describing several of the main attractions such as the "famous old church" or the "new, larger stadium" or the "modern library."
C. Write a letter to a friend discussing three occupations you are thinking about studying in the university.

 Adult check _____
                              Initial                Date

**Note:** This section does not have a Self Test.

# SECTION VIII. GEOGRAPHY OF CENTRAL AMERICA

Central America is made up of six Spanish-speaking countries. Each country is unique in its own right. These countries are rather small in size but varied in culture, which is mainly a blend of the Spanish and Indian cultures. For most of these countries their major exports include sugar cane, bananas and coffee. These crops are readily grown in their climate which varies little. The entire chain of countries has mountainous areas formed by volcanoes.

**Guatemala**, whose capital is Guatemala City, is a country which demonstrates both the Spanish and Indian influences. The Spanish influence can be seen in the balconies on the homes, the plazas and the small specialty stores common in Spain. Much of the Spanish architecture has been destroyed by recurrent earthquakes. Indian culture can be seen in the manner that women carry baskets on their heads and children on their backs, as well as the beautiful woven products that are available. Guatemala is still trying to modernize and is gradually doing so with the help of foreign missionaries working in the isolated areas to bring improvements such as medical care, sanitation and plumbing. Guatemala is also known for **chicle**, the main ingredient in chewing gum.

**El Salvador** is the smallest of the Central American countries. Its capital is San Salvador. This tiny country is the only country in Central America that does not have a Caribbean coastline. It is the most densely populated and the poorest of the six countries. The Salvadorians are a proud people who try to preserve both their Spanish and Indian heritage. Besides its other products, El Salvador is known for its tropical fruit and medicinal plants.

**Honduras** is one of the larger countries in Central America. Its capital is Tegucigalpa. Honduras' land form is mainly plateau with a few deep-cut valleys. The population of Honduras is 90% Mestizo, meaning both Spanish and Indian mixed. The culture is primarily Spanish with some Indian, and both cultures can be seen in the architecture around the country. The marimba is the most popular instrument in Honduras and is the center for many of the bands. Industry is growing in this country with exports of cement, cotton and wood products.

**Nicaragua** is the largest of these countries. Its capital is Managua. The volcanic mountain chain that traverses the country is responsible for the many earthquakes that plague this region. Nicaragua is the leading cattle raising country in Central America. Cotton is also grown here.

**Costa Rica**, whose capital is San José, is the most stable and progressive of the Central American countries. Greater than 90% of its citizens are literate. It is known for its volcanoes and rain forests. Its main exports are coffee and bananas. Costa Rica has only two seasons—the wet season which runs from May through November and the dry season which runs from December to April.

**Panama** is the isthmus which joins Central America to South America. Its capital is Panama City. On the Pacific side is the Gulf of Panama which contains many islands called the Pearl Islands. Its culture is a blend of Spanish, African, Indian and North American. This narrow country is the home of the Panama Canal which was built to allow more efficient shipping travel. It was opened for limited use in 1914 and formally opened to all traffic in 1920. Besides the normal products, Panama also exports petroleum products and shrimp.

 **Match the country with its description.**

8.1

____ 1. Guatemala
____ 2. El Salvador
____ 3. Honduras
____ 4. Nicaragua
____ 5. Costa Rica
____ 6. Panama

a. This country has suffered many earthquakes and is the leading cattle producer in Central America.
b. This country is the most stable of the six and has the highest literacy rate.
c. The smallest country in Central America; known for tropical and medicinal plants.
d. This tiny isthmus boasts a varied population and a great canal which helps the shipping industry.
e. Indian women carry baskets on their heads and make beautiful woven products.
f. This country's population is primarily mestizo and the marimba is the main musical instrument.

**Note: This section does not have a Self Test.**

# IX. REVIEW

**Choose the correct form of the verb for the sentence.**

9.1

1. Yo _____ bien.
   a. bailo  b. bailas  c. baila  d. bailamos

2. Nts _____ música.
   a. escucho  b. escuchas  c. escucha  d. escuchamos

3. Luis _____ español bien.
   a. habla  b. hablas  c. hablas  d. habla

4. Uds. _____ en la escuela.
   a. trabaja  b. trabajas  c. trabajamos  d. trabajan

5. Tú _____ la película.
   a. miro  b. miras  c. miran  d. miramos

6. Yo _____ el desayuno.
   a. como  b. comes  c. comen  d. come

7. Nts. _____ rápidamente.
   a. corro  b. corres  c. corren  d. corremos

8. Los estudiantes _____ la lección.
   a. comprendo  b. comprendes  c. comprenden  d. comprendemos

9. Tú _____ el periódico.
   a. lee  b. lees  c. leemos  d. leen

10. Ud _____ manzanas.
    a. vendo  b. vendes  c. vende  d. venden

11. El profesor _____ la ventana.
    a. abro  b. abres  c. abre  d. abren

12. La madre _____ el postre.
    a. divido  b. divides  c. divide  d. dividimos

13. Los estudiantes _____ las lecciones.
    a. escribo  b. escribes  c. escribe  d. escriben

14. Yo _____ en Nueva York.
    a. vivo  b. vives  c. vive  d. viven

15. Nts. _____ las cartas de nuestros abuelos.
    a. recibo  b. recibes  c. reciben  d. recibimos

16. Yo _____ estudiante.
    a. soy  b. eres  c. es  d. somos

17. Nts. _____ amigos.
    a. soy  b. eres  c. es  d. somos

18. Paco _____ de Colombia.
    a. soy  b. eres  c. es  d. son

19. Yo _____ enfermo.
    a. estoy          b. estás          c. está           d. estamos

20. Los chicos _____ alegres.
    a. estoy          b. está           c. estamos        d. están

21. Tú _____ en Buenos Aires.
    a. estoy          b. estás          c. estamos        d. están

22. Nts. _____ las lecciones bien.
    a. aprendamos     b. aprendemos     c. aprendimos     d. aprendumos

23. Mario y yo _____ las notas.
    a. escribamos     b. escribemos     c. escribimos     d. escribumos

24. Tú _____ a la escuela.
    a. voy            b. vas            c. va             d. van

25. Uds. _____ a la tienda.
    a. voy            b. va             c. van            d. vamos

**Fill in the blank with the correct form of the adjective at the end of the sentence.**

9.2

a. Maria lee libros _____. (interesante)

b. La casa es _____. (blanco)

c. El hombre _____ y _____ es mi profesor. (alto, delgado)

d. Un limón es _____. (amarillo)

e. La familia es _____. (grande)

f. La iglesia es _____ y _____ (moderno, bonito)

g. Compro un coche _____. (barato)

h. Leemos un poema _____ de una persona _____. (triste, famoso)

i. La familia _____ vive cerca del mercado _____. (nuevo, pequeño)

j. Mario y Luis son dos chicos _____. (popular).

k. Las comidas _____ son del restaurante _____. (delicioso, mexicano)

l. Enrique es un estudiante _____ pero una persona _____. (bueno, difícil)

m. Teresa y Alicia son _____. (simpático)

n. Son los documentos _____. (importante)

o. Los abogados son _____. (rico)

p. Mi tía es una profesora _____. (excelente)

q. Luisa está _____. (enfermo)

r. Los médicos son _____. (agradable)

s. La casa de Margarita es _____ y _____. (azul, negro)

t. Los mercados _____ son _____. (peruano, divertido)

**Answer the following questions in complete sentences.**

9.3
    a. ¿Dónde está Luis ahora? _____

    b. ¿A qué hora es la clase de inglés? _____

    c. ¿Quién es el chico guapo? _____

    d. ¿Cuántos alumnos hay en la clase de historia? _____

    e. ¿Cuál es la fecha de tu cumpleaños? _____

    f. ¿Qué lees para la clase de inglés? _____

    g. ¿Cuándo es el concierto? _____

    h. ¿Cómo es Alicia? _____

    i. ¿Cómo están tus padres? _____

    j. ¿Por qué Laura no está aquí? _____

**Answer the following questions concerning the picture.**

9.4
    a. ¿Dónde está la iglesia?

    b. ¿Dónde está el supermercado?

    c. ¿Dónde están las oficinas?

    d. ¿Dónde está el estadio?

    e. ¿Dónde está el parque?

**Write two sentences describing each of the following pictures. Include a season or month in one of the sentences.**

9.5

a. _____

b. _____

c. _____

d. _____

e. _____

**Write out the following numbers.**

9.6
a. 73 _____
b. 58 _____
c. 89 _____
d. 91 _____
e. 62 _____
f. 47 _____
g. 34 _____
h. 25 _____
i. 16 _____
j. 100 _____

**Answer the following questions negatively using** no, nada, nunca **or** nadie.

9.7
a. ¿Quién termina el projecto? _____
b. ¿Trabajas a las diez de la noche? _____
c. ¿Qué compras? _____
d. ¿A quién visitas? _____
e. ¿Cuándo vas a Venezuela? _____

**Fill in the blank with the correct form of** a **or** de **plus the definite article, whichever is correct for the sentence.**

9.8
a. Mario va _____ escuela a las ocho.
b. Es el libro _____ profesor Gomez.
c. Van _____ museo esta tarde.
d. Trabajan _____ oficinas.
e. Regresamos _____ biblioteca.

**Label the following map with the name of the country and its capital.**

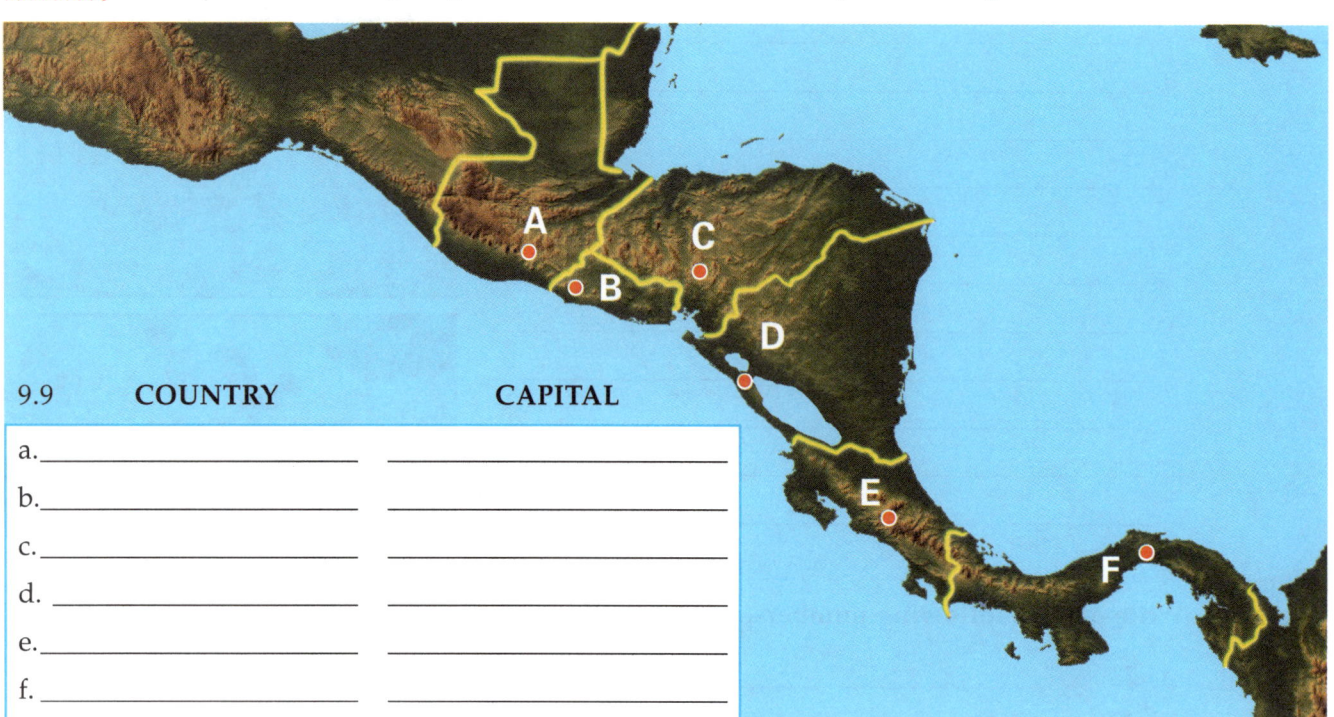

9.9   COUNTRY            CAPITAL
a. _____   _____
b. _____   _____
c. _____   _____
d. _____   _____
e. _____   _____
f. _____   _____

**Also write one significant fact about each country.**

9.10
a. Honduras _____
b. Panama _____
c. Guatemala _____
d. Nicaragua _____
e. El Salvador _____
f. Costa Rica _____

**Note:** This section does not have a Self Test.

# LIFEPAC 4: VOCABULARY LIST

## El Pueblo:

| | |
|---|---|
| El centro | downtown |
| El supermercado | the supermarket |
| El banco | the bank |
| El café | the cafe |
| El restaurante | the restaurant |
| El hotel | the hotel |
| La iglesia | the church |
| El cine | the movie theater |
| El teatro | the "drama" theater |
| El museo | the museum |
| La oficina | the office |
| El estadio | the stadium |
| El hospital | the hospital |
| El correo | the post office |
| La biblioteca | the library |
| El parque | the park |
| La plaza | the center of town |
| La escuela | the school |
| El aeropuerto | the airport |
| La playa | the beach |
| El terminal | the terminal |
| El ayuntamiento | city hall |

## Las professiones:

| | |
|---|---|
| el abogado, la abogada | lawyer |
| el actor, la actriz | actor/actress |
| el arquitecto, la arquitecta | architect |
| el hombre (la mujer) de negocios | businessman (woman) |
| el enfermero, la enfermera | nurse |
| el ingeniero, la ingeniera | engineer |
| el jefe, la jefa | boss |
| el profesor, la profesora | teacher |
| el médico, la médica | doctor |
| el piloto, la pilota | pilot |
| el policía, la mujer policía | police officer |
| el programador (la programadora) de computadoras | computer programmer |
| el secretario, la secretaria | secretary |
| el farmacéutico, la famacéutica | pharmacist |

| | | | |
|---|---|---|---|
| el veterinario, la veterinaria | | veterinarian | |
| el escritor, la escritora | | writer | |
| el historiador, la historiadora | | historian | |
| el músico, la música | | musician | |
| el fotógrafo, la fotógrafa | | photographer | |
| el/la dentista | | dentist | |
| el/la pianista | | pianist | |
| el/la periodista | | journalist | |
| el/la artista | | artist | |
| el/la gerente | | manager | |
| el/la comerciante | | merchant | |

## Adjectives:

| | | | |
|---|---|---|---|
| contento | happy | triste | sad |
| encantado | delighted | alegre | happy |
| cansado | tired | asustado | frightened |
| emocionado | excited | espantado | scared |
| celoso | jealous | repugnado | disgusted |
| enfermo | sick | preocupado | worried |
| frustrado | frustrated | desilusionado | disappointed |
| sorprendido | surprised | deprimido | depressed |
| enojado | angry | nervioso | nervous |
| tímido | shy | soñoliento | drowsy, sleepy |
| abierto | open | lleno | full |
| ausente | absent | ocupado | busy |
| caliente | hot | sentado | seated |
| cerrado | closed | sucio | dirty |
| frío | cold | vacío | empty |
| limpio | clean | | |

## Prepositions:

| | | | |
|---|---|---|---|
| a | at, to | de | of, from |
| en | in, on | por | through |
| cerca de | near, close to | detrás de | behind |
| lejos de | far from | entre | between, among |
| al lado de | next to, beside | encima de | on top of, above |
| frente a | facing | debajo de | under, beneath |
| enfrente de | in front of | dentro de | inside, within |
| sobre | over, above | delante de | in front of |
| entre | between | a través de | across from |